Lo que él me ha dado
What he has given me

Dictado por el Señor Jesús

Dictated by the Lord

Rosalia Rosario

authorHOUSE®

AuthorHouse™
1663 Liberty Drive
Bloomington, IN 47403
www.authorhouse.com
Phone: 1 (800) 839-8640

Published by AuthorHouse 04/28/2017

ISBN: 978-1-5246-8915-5 (sc)
ISBN: 978-1-5246-8914-8 (e)

Library of Congress Control Number: 2017906073

Print information available on the last page.

Índice

Parte 2 English Translation

Parte 3 Alabanzas

Parte 1

Poemas

Porque en él vivimos, y nos movemos y somos.
Como algunos de vuestros propios poetas también
han dicho; "Porque linaje suyo somos."

Hechos 17:28

Introduction

*Mas **vosotros sois linaje escogidos** real sacerdocio nación santa, pueblo adquirido por Dios para que anuncia las virtudes de aquel que os llamó de las tinieblas a su luz admirable. **1 Pedro 2:9***

En el ano 2007 Dios se complació en darme un talento que yo no conocía en mi, pero Dios se complació en dictarme estos pequeños poemas para su Gloria y su Honra. Yo soy una madre de tres hijos que fueron criado en el evangelio. En estos momentos ellos están apartados del Señor. Pero yo tengo la esperanza que van a venir nuevamente a los camino del Señor. Ahí una promesa para mi de parte de Dios, *cree en el Señor Jesucristo y serás salvo tu y tu casa. Hechos 16:31*

El Señor me a dado cuatro nietos, que para mi son 4 perlas en una corona. Le doy gracias a mi Señor por las personas que el puso alrededor de mi para ayudar me con este proceso. Yo le doy gracias a mi hijo Harry y mi hija Yarira por su apoyo. A mi hija Jovanny por ser mi mano derecha y fue mi ayudante. También le doy gracias a mi Pastor Jacinto Zuniga que siempre estado orando por mi.

Yo siempre he creído en el Señor Jesucristo, me acuerdo cuando era niña y mis padres tenían una casa grande con amplio terreno. Teníamos muchos arboles que daban frutos, a mi me gustaba mucho. Pasado el tiempo mi mama quería que mi papa vendiera la casa. Mi papa no le ponía atención, pero ella insistía. Un día mi mama me compro una cadenita con un imagen y me la puso en mi cuello y me dijo "pídele a el imagen que alguien compre la casa". Cuando mi mamá dio la espalda y se fue yo dije "yo no voy a pedirle a el imagen yo le voy a pedir a Dios". Pasado tiempo entiendo que Dios me estaba reservando para el y a pesar de todo mi madre fue el canal para yo conocer al Señor.

Por lo cual Dios también le exalto hasta lo sumo, y le dio un nombre que es sobre todo nombre, para que en el nombre de Jesús se doble toda rodilla de los que están en los cielos, y en la tierra, y debajo de la tierra; y toda lengua confiese que Jesucristo es el Señor, para gloria de Dios. **Filipense 2:9-11**

Feliz

Me siento feliz
Porque Cristo transformo mi alma
Me saco de las tinieblas y me trajo a la luz
Y yo me siento feliz porque veo con claridad
La transformación

Nada de lo que había a mi alrededor
Me hacia feliz
Sentía un vacío en mi alma que nadie lo podía
Llenar, lloraba y no había Consuelo para mi.

Pero un día ya cansada
Alce mis ojos al cielo, y pedí ayuda
Al que salva las almas
Y enseguida vino a mi.

Con su túnica blanca, su piel suave
Su Mirada transparente
Y un Corazón lleno de amor.

Cogida de la mano

Yo no tengo con que pagarle a mi Salvador
Una salvación tan grande que El compro por mi
A precio de sangre que El pago por mi,
No merezco un sacrificio tan grande.

Todo El lo hizo por amor a nuestras almas
Estando yo en tinieblas, El me trajo a la luz.
Toco a mi puerta y lo deje pasar y
El entro a mi corazón y lo limpio,
y sembró allí semillitas de amor.
Aunque muy pequeñitas están creciendo en mi corazón.
Y ellas son amor, fe, comprensión, y las riega
Mi buen Salvador.
Y no hay gusanito que las pueda dañar.
Porque las cuida el buen capitán.

Por eso te amo mi Jesús
Eres mi alma y mi corazón
Eres mi esperanza y mi guía
Yo no doy un solo paso si no es por tu voluntad.

Tienes toda mi vida en tu control.
Como las hojas de los arboles
Que no se mueven si no es por la voluntad del Señor
Estoy entretejida en sus manos
Estoy bajo su voluntad.

Y te amo Señor,
Y tu me amaste primero
Tu amor no tiene fin, es eterno yo voy cogida
De sus manos
El no me va a soltar.
No porque cogida de sus manos
El me guiara hasta su mansión celestial.

El llamado

Señor: Yo se que tu me oyes y cundo yo te
Necesito tu me respondes.
A cualquier hora Tu me atiendes.
No importa el día, si hace calor o hace frio,
Si es de noche o en la mañana, o en el día Tu siempre
Tienes todo el tiempo para mi.
Aunque yo se que muchos te llaman porque te necesitan.
Yo estoy segura que tienes tiempo para mi.

Yo me siento muy orgullosa y muy importante
Porque tengo un Dios que siempre me atiende
Y aunque tu tengas muchas llamadas siempre me atiendes,
Nunca estas ocupado, nunca me dice llama luego.
Siempre estas atento a mi llamada.
Yo tengo tantas cosas que contarte, tantas que pedirte Señor.
Pero cuando te llamo tu siempre me aconsejas y me das aliento.
Me dices que muchas son nuestras aflicciones, pero de todas
Ellas tu me libraras.

Pero para mi el gozo es que siempre atiendes a mi llamada
Nunca estas ocupado para mi ni nunca lo estarás.
Llámalo mi amigo, llámalo mi hermano.
Si estas triste llámalo. Llámalo si lloras,
llámalo si te sientes en prueba.
Llámalo y llámalo si ríes o cantas.
Para el no importa en la situación que estas
Llámalo que el Señor esta pendiente de tu llamada.

Las cuatro estaciones del ano

En las cuatro estaciones del ano
Refleja el Señor su grandeza
Cuando de la llegada del otoño
Con su gran poder, prepara esos inmensos arboles
Para a llegada del invierno.
Los desvistes y les quitas ese traje de gala
Les pone piel para que puedan resistir
La llegada del invierno.

Por fin llega la primavera y vuelve otra vez.
Y les da su vestiduras.
Crecen las flores de maravillosos colores
La roja, para mi es el color de su sangre
Que derramo en la cruz del calvario.
Su sencillez, la blanca su infinita pureza,
Los lirios y las azucenas su delicioso perfume

El verano nos llega con ese calor ardiente
Pero tu nos das la lluvia y nos refrescas el ambiente.
Cantan a ti Señor los pajaritos y las hojas de los
Arboles te dan aplausos, porque reconocen también tu
Grandeza.
Porque tu estas, y eres las cuatro estaciones del ano.

Amor

Pensando en ti en una mañana, mirando por mi ventana.
Viendo la lluvia caer oyendo las campanas de la iglesia sonar.
Mi alma se recrea en ti oh, Dios.
Y pienso cual grade es tu amor.
No hay otro amor que podamos comparar como el tuyo.
Mo existe ni existirá jamás.
¿cómo yo podría comparar tu amor?
No existe comparación.

Porque no ha nacido nadie que me ame como tu me amas.
Mi alma queda extasiada en ti, al pensar que tu has preparado
Tanta belleza en la cual van a participar todos los que te
Buscan a ti y te aman.
Como calles de oro y mar de cristal, y un trono rodeado
De ángeles y querubines y la luz será la de tus ojos.

Despierta

Despierta
Despierta de ese sueno.
Si no despierta no vas a oír que Cristo esta llamando
A tu puerta.
Te quiere dar una invitación par alas Bodas del Cordero.
Despierta porque si estas dormida no vas a escuchar la trompeta
Anunciando que Cristo vino a celebrar las Bodas del Cordero.
Despierta de ese sueno, levántate,
aliéntate, ponte tu traje de Gloria
Blanco como la nieve. Porque en esas
bodas no se permite a nadie
Que entre con manchas, ni arrugas.
Tu traje tiene que ser blanco, limpio, como la lana.

En esas bodas, que vamos a celebrar
asistirán las estrellas y la luna,
Ángeles, serafines y querubines y todas las almas redimidas.
Por la sangre de Jesucristo.
Despierta de ese sueno que hoy te alumbrara Cristo.
Despierta ponte tu velo y corona.
Iglesia de Cristo que muy pronto celebraremos la gran boda con
Jesucristo.

Me encontraste

Perdóname, perdóname, yo sabia que tu me querías y yo
Me hacia la desentendida.

Y tu dejaste tu trono por mi
Y por los montes collados caminaste y me encontraste.
Yo perdida y pusiste tus manos sobre mi y curaste mis
Heridas.

Perdóname, perdóname Señor
Yo peri anos de vida
Tu caminando con tus pies estropeados sangrando tus
Heridas.
Caminando Señor cansado, fatigado buscadme a mi
Señor
Y me encontraste y me trajiste a tu redil, y curaste mis
Heridas.
Y ahora yo soy feliz.

No descansaste hasta no encontrarme, mi Señor
Y ahora yo soy feliz
Porque encontré el verdadero amor.

Prepárate

iglesia de Cristo, prepárate que voy pronto a celebrar las
bodas con mi iglesia que tanto amo.
Yo quiero que ese día te encuentres brillando como una
Estrella, radiante, hermosa como un lucero. Porque eres mi
Novia que tanto quiero.
Por lo que tanto he sufrido, y protegido de las garras del
Lobo enfurecido.

De esas tormentas sin compasión
Que te han venido, pero yo siempre te he protegido.
Te he buscado por montes y collados al oír tu gemir.

Me has llamado y te he respondido. Pero ya todo ha
Pasado.
Estoy a la puerta vengo a buscar una iglesia redimida por
La sangre de Jesucristo.

Controlando nuestros miembros

El Señor y dueño de mi vida puso en mi muchos
Miembros que yo tengo que aprender a controlar,
Puso en mi la lengua, pequeñito miembros de mi cuerpo
Que hace unos fuegos inmensos difíciles de apagar.
Pero esta en mi que lo tengo que controlar.
Puso en mi, mi oído también allí que ay controlar porque
No quiero que escuche cosas que no sirven para yo poder amar.
También puso la mente, también la tengo que controlar
para no hacer cosas que me puedan dañar.

Puso en mi mis ojos, para así yo poder mirar, no la paja que
Esta en los ojos ajenos. También los tengo que controlar
Para que miren la luz y no la oscuridad.
Y puso también mis manos para poder tocar y no lo ajeno.
También lo tengo que controlar. Me dio mis pies para yo
Poder caminar y también controlarlos para que no vayan
A resbalar.

Me dio un corazón que late.
Para yo poder amar a Dios primero, mi prójimo, mi familia
Y mi hogar.
Todos estos miembros los podemos controlar, si a Dios
Le pedimos El nos puede ayudar a controlar todos estos
Miembros que nos pueden perjudicar.

La flor de mi jardín

Yo vivía en un precioso jardín, compartía con muchas flores muy bonitas,
Pero yo era la mas insignificante. No tenia color y todos iban a aquel jardín
A mirar aquellas flores de diferentes colores. Brillantes colores y diferentes
Aromas. Gratos perfumes y grandes rosas, llenas de perfume todas admiraban aquel jardín que daba tantas flores tan bonitas y yo estaba en ese jardín pero nadie lo notaba. Porque era yo muy pequeña, insignificante, no tenia belleza no brillaba.

No tenia perfume. Todos pasaban y miraban. No se daban cuenta que yo vivía
En ese jardín. Yo clamaba con fuerza *"Estoy aquí"*, no me ven.
Yo se que soy pequeñita pero vivo en este jardín. Soy fuerte, muy fuerte

Aunque me pisan vuelvo y me levanto, no me cuidan, no me riegan. ¿ como

Quieren que sea preciosa? Solo me pisan. Pero un día muy radiante de sol,

Llego un gran personaje a comprar flores en aquel jardín.

Todas mis hermanas rosas están impacientes, estaban frescas, hermosas

Esperando que aquel personaje de luz que comprara un ramillete de ellas.

Pero el miro todo ese jardín y puso su mirada en aquella florecita pequeñita

Y dijo *"esta me robo mi corazón"*. Y las otras flores le reclaman ¿

Por que a ella y no a nosotras que somos bellas, tenemos colores, tenemos perfumes?

Porque yo vengo a buscar lo que no sirve, lo pisoteado lo maltratado.

Y El con sus tiernas manos recogía aquella florecita, y el dijo al jardinero:

Tu no la cuidaste, no la regaste, no la abonaste. ¿ como quería que fuera preciosa?

El se llevo a su flor y el camino ella le pregunta a su Señor,? Porque a mi y no a una de aquellas preciosas rosas? ***Y el le contesto con mucho amor, " Porque a ti te andaba buscando, tu eres mi preciosa flor".***

Tristeza

Señor, estoy aquí hoy me siento triste, estoy herida, por
Aquellos que se creen mas que Tu.
Pero vengo a ti porque tu conoces mi corazón y sabes lo que
Siento, no quiero faltarte, solo alabarte. Pero hoy no puedo.
No puedo abrir mi boca, me siento cansada y triste.
Dime tu que todo lo sabes, ¡que tengo!
Porque de mi tristeza, Señor,
Dame de tu gozo, deme de tu miel,
endulza mi alma, acaricia mi piel.

Envía lluvia sobre mi, empápame de tu espíritu.
No deje que muera en mi tus alabanzas.
Deja que mi alma cante para ti,
Dios mío tu sabes que yo quiero agradarte,
quiero hacer lo mejor para ti
Quiero darte mis mejores alabanzas para ti Señor.

Pon en mi un panal de miel, que destile dulzura de mi corazón
para ti Señor.
Que yo pueda obsequiarte un ramillete de alabanzas frescas
Para ti.
Como el roció de la mañana, porque es lo
único que te puedo ofrecer Señor.
Porque mi vida es tuya.

Con tus brazos abiertos

Te pusieron en la cruz y clavaron tus manos
No puedo imaginarme el dolor que sentiste
Cuando traspasaron esos clavos en tus manos.

Te maltrataron mi Jesús te hirieron tu costado
Te pusieron corona de espinas mi Jesús
Te despojaron de tus vestiduras y echaron
Sus suertes en ellas, tuviste sed y una esponja
Mojada pasaron por tus labios y agriaron tu
Boca tu Padre te dio la espalda porque no
Soporto tanta crueldad.

Y te dejaron solo Jesús.
Pero nunca quebraron tus huesos y todavía
Te seguimos crucificando cuando te negamos
Te herimos tu costado y cuando te damos
La espalda te clavamos los clavos.

Pero aun así tu nos sigues amando con tus
Brazos abiertos y tus manos ensangrentadas
Aun tu nos sigues llamando al arrepentimiento
Con tus brazos abiertos.

La Tormenta

Yo veo una tormenta
Que viene contra mi
Y yo correré
Y yo correré
Y no descansare y me subiré
A la montana mas alta

Y la tormenta no llegara contra mi.
Y yo escogeré la roca mas alta
la roca mas fuerte que es
Cristo Jesús.

Y la tormenta no me alcanzara
No me tocara, no me dañara
Porque yo escogí la roca mas fuerte.
La roca mas alta que es
Cristo Jesús.

Y yo subiré y subiré a esa roca
Firme y fuerte y subiré a la sima
De la roca y allí me esconderé con
Mi salvador
Me abrasara y me dirá
No temas que la tormenta a ti no llegara!

Hazme un Nuevo vaso

Estoy aquí Señor y quiero hacer tu voluntad
No la mía tu eres mi Padre yo soy tu hija
Los hijos hacen lo que el Padre diga moldéame
Como tu quieras, tu Señor eres el alfarero
Y yo soy tu vaso, rompe Señor mi vaso
Rompe mi copa en mil pedazos.
Alfarero quebranta mi alma
Quiebra mis huesos, que lloren mis ojos tanto.
Que se aguan ríos de lagrimas
Yo estoy aquí Señor, quiero hacer tu voluntad.

Recoge Señor los mil pedacitos de mi copa y
Hazme un nuevo vaso para honra y que yo
pueda hacer tu voluntad no la mía.
Porque al fin tu eres mi alfarero moldéame
Alfarero como tu quieras porque yo quiero
Ser un vaso nuevo porque al fin de mis
Mil pedazos tu me vas hacer un nuevo vaso.
Alfarero no importa que quebrantes mi copa
no importa que rompas mis huesos porque tu
eres mi alfarero y me moldearas como tu quieras
alfarero porque yo quiero ser un nuevo vaso
para tu honra alfarero.

Sed De ti

Quiero saciar mi sed en ti Señor
Tomar de esa agua que tu das que
Trae vida eterna y que jamás tendremos
Sed, como aquella mujer que fue a buscar
Agua en aquel pozo y tu la estabas
Esperando y le distes agua de vida
Le secaste la sed que tenia su alma.

Así yo quiero que sacies la mía
Que sean como ríos cristalinos
Corriendo en mi ser, como lluvias
Frescas del amanecer quiero postrarme
A tus pies Señor y dejar caer todas mis
Lagrimas y lavar tus pies santos como
Aquella mujer que con perfume y pelo
Te lavo tus pies que en ellos quisiera
Dormir porque de todo tu cuerpo sale
Virtud.

Así como salió del borde de tu manto
Cuando aquella mujer te toco y fue
Sanada de su azote no importo la multitud
Tu sabes que te toco y salió virtud de ti,
Salió vida porque en ti ay vida
Fuera de ti estamos muerto porque de ti
Señor mana la vida.

Canto a la Vida

Yo canto con el alma
Le canto a la vida
A la luna, al sol y las estrellas
Canto al niño que esta en la cuna
Por que la vida
Es una canción
Pero
La mejor canción se
La canto a mi Señor
Por que el me hadado
La vida y es mi Salvador
Por eso le canto esta canción
Con el corazón.

Los Pajaritos

Los pajaritos alaban
Al Señor por la mañana
Al levantar el sol y tu
Amigo porque no le alabas
Al Señor.
Si el hiso un sacrificio tan
Grande por ti,
Derramo su sangre Carmesí
No podemos olvidar
Ese grande sacrificio
Alábale como los pajaritos
Que cantan a su Señor
Por la mañana al levantar
El sol.

Gloria al Señor

Gloria
Al Señor
Que por
Tu muerte
Yo salvada soy Y mis Pecados sepultados
En La tumba están. Gloria Al Señor que por tu muerte
En la Cruz mis pecados en aquella tumba Sepultados
Son y ahora tengo vida por Aquella
Sangre que
Derramada fue
La sangre
De
Jesús.

Lindo Cristo

Cristo es lindo
Cristo es lindo
Gloria a el
Cristo es lindo
El me arrulla con sus brazos
Como la madre que lleva al niño
A dormir
Y me habla al oído y me dice
Que me ama que yo soy su joya
Preciosa para el.

Canto con el Alma

Yo te canto con el alma
Porque de mi alma es que
Brota mi alabanza para ti
Y mi alma se goza en ti y
Cuando estoy en tu presencia siento
Como miles de campanitas alrededor de mi.

Como hojitas que se van desprendiendo
De los arboles y van cayendo sobre
Mi, me siento envuelta en una nube.

Y solamente tus manos me sostienen
Señor yo te prometo servirte
Alabarte y adorarte con todo mi
Corazón.

Las bodas del cordero

Me limpie mi cara
Me mire en el espejo
Me arregle mi pelo
Me puse mi traje de gala
Me puse mis zapatos blancos como la lana
Porque vino Jesús me trajo una invitación
Para entrar a las bodas del cordero.

Si tu aceptas esta invitación
Has como yo y deja que Jesús limpie tu corazón.
Mírate en el espejo y limpia tu cara arregla tu pelo
Ponte tu traje de gala y vamos a celebrar
Las bodas del cordero con
El Padre
El hijo
Y el Espíritu santo
Nos gozaremos.

Amado Cristo

Yo quiero amado Cristo servirte
Con amor entregarme a ti y vivir
Para ti.
Dejar que tu Santo Espíritu me
Acaricie y sentir como una fuente
De agua viva corriendo por mis venas
Y danzar en el espíritu.

Hablar nuevas lenguas y misterios entre tu y yo
Yo quiero amado Cristo estar cerquita de ti.
Recostada en tus hombros y sentir tus latidos de tu corazón.
Que hacen que el mío se estremezca.
Yo quisiera remontarme en las estrellas y preguntarles
Si aún visto a mi amado Señor pasar.

Yo quiera subir al cielo para encontrarte
En tu trono y sentarme junto a ti y decirte lo mucho
Que te amo y pedirte tantas cosas
Pero solo me conformo con amarte
Mi Señor.

Promesas

El Señor y yo caminamos juntitos
De la mano y no nos separamos
El me lleva por montes y prados y me ensena
Todo lo que el a creado y me dice
"Hija mi todo esto es para ti solo si perseveras
hasta el fin".

Todo lo he creado por ti y para ti.
Por todos esos pequeñitos que tanto he amado
Yo hija mía para ti tengo calles de oro
Y un mar de cristal y una tierra nueva
Donde vas a morar.

Solo te pido que me ames, solo a mi
Que tengas un corazón lleno de amor y
Que aquellos que van cayendo tu lo puedas
Ayudar a levantar, no le des con el codo eso
No me va agradar ten fe y espera con
Paciencia que ese día va llegar vas andar
Por las calles de oro y mar de cristal
Promesa que doy y nuca se me van a olvidar.

Yo veo a Dios

Yo veo a Dios con mis ojos espirituales
Yo veo a Dios
El meda su mano, yo le doy la mía y cogidos
Yo y el de las manos caminamos juntos

No nos separamos,el uno del otro.
Donde el va yo voy estamos siempre unidos.
Siempre juntos.

Unidos por una mima fe por una misma mente.
Por un mismo cuerpo un mismo espíritu.
Unidos por un mismo amor
Por la misma sangre de Jesús
Y unidos para siempre.

Seguiremos unidos siempre y aun después de la
Muerte
Seguiremos juntos unidos por toda
Una eternidad.

Navidad

Estamos
En Navidad
Y todo el mundo
Corre por aquí por
Allá, buscando que
Comprar que si el arbolito que
Si los manjares para celebrar en
Estas fiestas de navidad. Que si tengo
Que ir a la Iglesia, El traje me tengo que
Comprar. Para que vean que estoy celebrando
Las fiestas de Navidad y llevar el regalo que me
Toca dar y así celebramos las fiestas de Navidad y nos
Olvidamos de todo lo demás. Pero espera me pongo a pensar
Si es el cumpleaños de Jesús. A el que le vamos a llevar, vamos
A pensar, llevemos siete regalos que a
el le van agradar. Llevemos
Amor porque Dios es amor porque El
mando amarnos unos a los
Otros. Tengamos paz entre nosotros, fe humildad, misericordia,
Obediencia y ante todo confianza
en Jehová
Y así podemos
celebrar
Una bonita
fiesta de
Navidad.

Dame tu mano

Dame tu mano Señor
Dame tu mano que estoy
Pasando por un quebranto
Donde hay espinas y abrojos
Y la noche es oscura como
Boca de lobos y tengo miedo
Pero tu eres mi guía

Dame tu mano Señor
Porque tu eres mi luz
Que alumbras mi camino

Dame tu mano Señor
Para pasar sin ningún
Quebranto en esta noche oscura.

Estoy Aquí

Estoy aquí para Glorificarte
Estoy aquí para alabarte
Estoy aquí para decirte que
Me entrego a ti con el alma y
Todo mi Corazón.

Estoy aquí para
Honrarte y para servirte
Estoy aquí para
Para que tu me digas cuanto
Me amas tu mi Señor

Veo al Señor

Veo al Señor y miro
Su rostro entristecido

Veo al Señor con sus
Ojos llorosos y una
Lagrima callo a sus pies.

Tiene su rostro triste
Por que la humanidad
Lo desprecio.

No saben ellos lo que
Se avecina, no saben
Nada de lo que va a
Contener y mi Cristo
Llora porque el sabe
Miles de almas se van
A perder.

Pero mi Cristo tiene un
Remanente fiel que estarán
Con el asta el fin.

Me siento Feliz

Hoy me siento feliz porque yo estoy segura
Que Cristo esta con migo yo se que a donde
Quera que yo valla el esta con migo no importa
Lo que pase a mi alrededor yo estoy segura que
El esta con migo.

Cuando camino el esta con migo y quita las piedras
Y las espinas y los abrojos para que mis pies no
Tropiecen y no caiga para que mi mente y mi corazón
No desmallen porque estoy segura que el siempre
Estará con migo.

El es mi faro de luz que me alumbra cuando estoy en
Alta mar y se levantan las olas y mi barco se tambalea
Para el no importa la distancia porque el llega y me ilumina.

Cuando estoy enferma el meda la medicina y cuando
Tengo hambre el me da el pan de vida. Cuando tengo
Sed me da de esa fuente inagotable de la vida y cuando
Estoy cansada me das nuevas fuerzas Señor no tengo nada
Que darte, porque todo te pertenece a ti mi vida es tuya
Nada tengo Señor. Sierva inútil soy solo puedo ofrecerte
Un corazón con cristo y humillado no des preciara tu
Oh Jehová.

La oveja perdida

Avía una vez un Pastor que tenia un grande rebano de muchas ovejitas.

Y una ovejita se le ocurrió un día salirse del rebano para ir a buscar nuevos

Horizontes y se fue. la ovejita camino y camino y buscando nuevos pastos

Y brinco y brinco y se extravió, se perdió en la montana y quedo atrapada

En el pedregal. La ovejita estaba muy asustada, buscaba la forma de salir

Pero no podía encontrar el camino y buscando la salida se callo y una de sus

Piernas quedo atrapada entre las piedras.

Se lastimo y no podía salir tenia una herida sangrando. Ella lloraba, no tenia

consuelo y se repreguntaba, ¿que puedo asar ahora? Pronto va anochecer y

parece que también va a llover y no se que hacer. Me voy a morir de frio,

de dolor y hambre, y si grito y pido ayuda nadie me escuchara porque estoy

en la sima de la montana.

Estoy herida tengo frio mucho frio. Lloraba sin consuelo. Esto me a pasado

por desobediente, por buscar otros pastos y no he encontrado nada bueno.

Mira lo que me a pasado, yo que estaba tan bien. Mi Pastor, me pastoreaba

Por buenos pastos, buenas aguas me protegía de los lobos rapases. Yo estaba

También en el rebano. Y así pasaron las horas y la ovejita temblaba de frio y

tenia mucho miedo pero el Pastor nunca se olvido de ella.

Estaba por caer la tormenta caían las primeros lluvias. El Pastor tomo su rebano

Y las aseguro, las protegió y las cinto todas. El sabia que le faltaba una y lloro,

¿Dijo donde estarás mi ovejita, volverás a mi? Porque yo soy el buen Pastor el

que tiene los mejores pastos para ti. El buen Pastor despúes que aseguro su rebano

se fue a buscar la oveja perdida.

No le importo las clemencia del tiempo ni la oscuridad de la noches. Se fue Y

Camino por montanas, por los montes y collados y al fin encontró la ovejita.

La cogió le curo su herida y la estrecho en sus brazos y le dijo "volverás con

Migo al rebano y te cuidare y si intentas brincar de nuevo a otros pastos alzare

Mi callado y le daré un golpecito en sus pies para que no brinque de nuevo

parque yo soy el buen Pastor y cuido de mi rebano.

Alabarte

Quiero alabarte
Quiero honrarte
Usa mis labios Señor
Usa mi boca
Úsame como tu quieras
Yo quiero proclamar al mundo
Tus grandeza y tus maravillas.

Que tu salvas
Que tu sanas
Y que pronto vienes
Con poder y Gloria
A rescatar su pueblo que le es fiel
Y todo ojo te vera
En esa nube y el Señor
En biaria desde lo alto
Un puente asta llegar a la tierra de ángeles
Para a si nosotros
Encontrarnos con
El Señor
Y celebrar esa bodas en la
Eternidad.

La despreciada

Pobrecita anda por la calle. No tiene quien le da la mano, anda despeinada.

Mal oliente, nadie la quiere mirar. Todos los que pasan por su lado la desprecian.

No les quieren dar ni un pedacito de pan y ella anda de solada. Tiene hambre, tiene

Frio, tiene sed y no tiene que tomar.

Y anda para riba y para bajo, no sabe a donde ir a descansar. Y ni de la comida

De los peros le dejan tocar. Tiene toda su ropa rota y sucia y ni un abrigo para

Poderse abrigar. La gente la miran con desprecio al verla caminar y le gritan

Quítate loca no molestes más.

Ella no tiene ya lagrimas que derramar y espera ansiosa la noche para ir a

Descansar. Para en contra un rinconcito pero ni eso encontró. Porque todos los que están en las calles ha tomado su lugar. Ella se quedo caminando pero la vence el cansancio, el hambre el frio y don de callo ay sequero. Al otro día se levantó muy apresurada y siguió su caminar. Estaba muy asustada porque tubo un sueno donde el Señor le desea, "A la iglesia tienes que entrar pues ay yo te voy ayudar". Y siguió su caminar y vio la primera iglesia y ay quiso entrar. Estaban cantando cuando allá espaldista a mi nombre yo feliz responderé.

Entro la loca y separo en la puerta a observar y en minutos un oficial de la iglesia vino donde ella y le dijo en esa condición no puedes entrar. Ella muy triste se fue y ella se preguntaba pero ellos no estaban cantando cuando allá se pase lista?

Pero continuo su caminar y vio otra iglesia pero ella indecisa porque pensaba y si me vuelven asacar. Pero levanto su vista y vio un letrero que desea **Venid a mi todos los que están cansados y trabajados que yo los are descansar.** Y volvió la loca y separo en la puerta de la iglesia, miro para todos lados y vio que una ancianita caminaba para donde estaba ella y pensó me vienen a sacar de nuevo.

Pero aquella ancianita con una sonrisa en sus labios le dijo "Dios te bendiga puedes pasar". Aquella anciana tomo por la mano aquella mujer y la sentó frente alado del altar y se sentó frente a ella y desde ese día Dios la transformo, limpio su alma y su cuerpo. Dios no desprecia a nadien el amas las almas. El si impórtales la condición quisten y ahora la llama ay viene la loca pentecostal.

Canticos de jubilo

Cristalino es el mar
Las calles son de cristal
Mis pies por ellas caminaran
Mis ojos verán ángeles
Alabar mi Señor
Le dicen **Santo, Santo**
A mi salvador sentado en su Trono
Y ángeles le cantan
Y son voces de Gloria

Son canticos de jubilo
Que se ojén resonar
Asta el fin de la tierra
Campanas se ojén sonar
Y cuando suenen esa
Trompetas templara la tierra
Y asta las tumbas se abrirán
Y los muerto en cristo resucitaran

Los de mas subirán
Vestiditos de blanco
A morar con el Señor
En la Eternidad

Yo Falle

Yo se que yo falle
Yo se que te ofendo
Hago cosas que no son de tu agrado

Pero yo te amo Señor
Aunque aveses te fallo
Corrígeme Señor
Y dame Tu Mano

Señor, eres mi vida!
Tu controlas mis paso
Y no se que aria sin ti
Aveses me mandas que valla
Y yo reusó, Señor
Pero al fin tengo que ir.

Testimonio

En el ano 2009 mi hija estaba en el hospital dando a luz a mi nieto y yo estaba cuidando a mis otros dos nietos. El del medio tenia como dos anos. Ese día que mi hija estaba en el hospital yo estaba muy enferma y no podía respirar bien, no podía casi moverme. Me sentía muy mal, yo fui para la cocina y me senté en la silla y puse mi nieto sentado en sima de la mesa. Yo no podía moverme, no poda cuidar lo. Preferí ponerlo en sima la mesa y yo aguantarlo lo mas que pude para que no le fuera a pasar nada. Así como yo estaba, empecé a orar al Señor y le dije a mi Señor que el podía sanarme cuando el quisiera, y yo creo en el. El dice en su palabra; *He aquí que yo soy Jehová Dios de toda carne, habrá algo que sea difícil para mi. Jeremías 32-27.*

Yo empecé a con tal le al Señor todo lo que yo sentía en ese momento, aunque Dios ya lo sabia. Yo le dije al Señor tu me puedes sanar yo lo se pero si tu quieres que yo valla al hospital tu le has dado a los doctores el entendimiento y la lluda. Yo te pido Señor que cuando mi otra hija me llame y me pregunte "¿mami como te sientes?", yo le contestare yo no me siento bien y ella medirá ahora voy para ya para llevarte a el hospital. Esa fue mi petición al Señor.

Cuando mi hija me llamo, ella me dijo lo mismo que yo le pedí al Señor y le conteste lo mismo. Eso fue algo impresionante para mi. Fue como si mi hija me estuviera escuchando mi oración. Fue algo grande, nuca me olvidare de esa petición que me concedió el Señor. Fue algo maravilloso y esta es la confianza que tenemos en el, *que si pedimos alguna cosa conforme a voluntad el nos oye. Juan 5-14*

Mi Dios

Mi Dios es la vida
Mi Dios es la paz
Mi Dios es alegría
Mi Dios es compasión
Mi Dios es amor
Mi Dios es consuelo
Mi Dios es Ternura
Mi Dios es a bogado
Mi Dios es defensor
Mi Dios es sabiduría
Mi Dios es salvador
Mi Dios es el dador de la vida
Mi Dios es la verdad
Mi Dios es el viento
Mi Dios es la tierra
Mi Dios es la Resurrección
Mi Dios es promesa
Mi Dios es príncipe de paz
Mi Dio es ordenanza
Mi Dios es paciencia
Mi Dios es incorruptible
Mi Dios es justicia
Mi Dios es Eterno
Mi Dios es fiel
Mi Dios es abundancia
Mi Dios es el altísimo, El Alfarero
Mi Dios es viento
Mi Dios es tiempo
Mi Dios es victoria y vida Eterna
Mi Dios es el aire que respiro
Mi Dios es el camino, la verdad y la vida
ETERNA.

Mi Trineo

Una ves un niñito tenia un trineo que sus padres le regalaron par alas navidad.

Un día el niño decidió coger el trineo y subir a la Montana mas alta que avía.

Para bajar con su trineo. Cuando baja por la montana perdió el control cuesta abajo con su trineo.

El trineo justo se detuvo al lado del rio. El niño estada muy asustado al ver que falto muy poquito para caer en el fondo de ese rio. El en seguida miro su trineo y seque do maravillado al ver que avía una nube hermosa, blanca, espesa, preciosa. La nube estaba a rededor del trineo.

El niño pregunto ¿ questa pasando? Alrededor de la nube salió una vos y le dijo "Hijo mío te estoy cuidando". El niño no pudo resistir esa vos potente como de trueno y callo desmallado. Cuando despertó estaba frente a su hogar a costado en su trineo recordó. Toda la escena de lo que le a vía su cedido el niño dice "Gracias Jesús por salvarme la te regalo mi trineo."

Tu Eres Mi Vida

Cristo, mi Cristo tu sabes cuanto te amo, yo a ti.
Caminare por camino sin importar lo que haiga en el.
Caminare, te encontrare te abrasare, te besare y mi
Alma quedará prendida en ti.

Caminare, caminare asta caer rendida a tus pies.
Tu eres mi vida, tu eres mi gozo.
En ti tengo todo la felicidad
Te doy las gracias por esa sangre que
Derramaste tu por mi.

Por eso caminare no descansare asta
No rendirme a tus pies,
Y tu me estarás esperando
Y me dirás ven hija, ven y medaras una corona
Que yo voy heredar y yo caeré rendida ante ti
Y mis la grimas te mojaran tus pies.

Part 2
English Translation

For In him we live and move and have our being; as even some of your own poets have said, "For we are indeed his offspring's."

Acts 17:28

Introduction

*But you **are a chosen lineage royal priesthood a holy nation**, a peculiar people to announce the praises of him who called you out of darkness into his marvelous light.* ***1 Peter 2: 9***

In 2007, God was pleased to give me a talent that I did not know I had. But God was pleased with me and dictated these little poems for His glory and honor. I am a mother of three children, who were raised in the gospel. Right now they are set apart from the Lord, but I have hope that they will come back to the way of the Lord. There is a promise for me, from God, *believe in the Lord Jesus Christ and thou shalt be saved, and thy house. Acts 16:31*

The Lord has given me four beautiful grandchildren, and to me they are 4 beautiful pearls on a crown. I thank my Lord for the people that he has put around me to help me with this process. I thank my son Harry and my daughter Yarira for their support. I also want to thank my daughter Jovanny for being my right hand and my assistant in making this book. I also thank my Pastor Jacinto Zuniga who is always praying for me.

I have always believed in the Lord Jesus Christ. I remember when I was a child and my parents had a large house with spacious grounds. We had many trees that gave fruit. I really liked my house a lot. Over time my mom wanted my dad to sell the house. My dad never paid her any mind, but she insisted. One day my mom bought a small chain with an image and put it on my neck, she said, " pray to the image so that someone can buy the house." When my mother turned her back and I told myself, "I'm not going to pray to the image I'm going to pray to God". As I look back now, I understand that God was reserving for me for His work and used my mother to get me there.

Therefore God exalted him to the highest place and gave him a name, which is above every name, that at the name of Jesus every knee should bow of those in heaven and on earth, and under the Earth; and every tongue confess that Jesus Christ is Lord, to the glory of God

Philippians 2: 9-11

Happy

I am happy my Lord has transformed
My soul.
Took me out of darkness
And brought me into the light.
I feel happy now,
I can clearly see the transformation that has happened in me.

Nothing around me made me happy.
I felt an
Emptiness in my soul, which no one could fill.
I cried and there was no comfort for me.
One day, tired
I lifted my eyes to heaven
And asked for help,
" Lord save my souls, and came to me."
With his white robe, his soft skin, his
transparent look and a heart full of love,
He saved me.

By The Hand

I do not have to pay for my salvation.
An amazing, great salvation,
Which He bought for me with his blood.
That payment for me, I do not deserve, such a big sacrifice.

All He did, for the sake of our souls.
When I was in darkness, he brought me to light.
He knocked on my door and I let him in.
He came into my heart and cleaned it all up.
And planted seeds of love.
Although very small, they are growing in my heart.
Seeds of love, faith, and understanding,
Watered by my good Savior.
And no little worm can damage, because
the good captain watches.
That's why I love my Lord Jesus Crist.

You are in my heart and soul
You are my hope and my guide
I will not go a single step if not,
For your will.
You have my life in your control.
As the leaves of the trees that do not move if not by the will
Of the Lord.
I am in His hands I am under his will.
And I love my Lord and you will always love me.
Your love is endless
I am in your hands and He will not let me go.
I will not be afraid because I am in your hands
You guide me to Your heavenly mansion.

The call

Lord I know you hear me and when I need you, you answer me.
At all times you hear me.
No matter the day, if it's hot or cold, if it's at night or in
the morning, or any day, *You* always have time for me.
Although I know that many call you, because they need you.
I know for sure, you have time for me.
I feel very proud and very important
Because I have the one who's always there for me,
My Lord Jesus Crist!
Although you have many calls,
You are never busy for me,
And you will **Never** say, I'll call you later.
You are always attentive to my call.
I have so much to tell, so much to ask you, Lord.
When I call you,
You always advise me and give me encouragement.
You tell me that many are our afflictions,
but you will liberate me.
My biggest joy is that *You* always attend to my
call never to busy for me and Never will be.
I call Him my friend.
I call Him my brother.
If you're sad call Him.
Call Him if you cry.
In trouble just call Him.
Call Him when you sing and when you smile.
For no matter the situation, call on the Lord.
He is waiting for your call.

The four Seasons

The four seasons of the year
Reflects the Lord and his greatness
During the season of autumn
With His great power, he prepares those beautiful trees
For the arrival of winter.
He undresses them and takes off their gowns
He protects their skin so they can resist
The arrival of winter.

At last the spring arrives again.
And he gives them their garments.
The flowers start blooming showing wonderful colors.
The color red represents the blood
You shed on the cross.
The color white and its simplicity, its infinite purity,
The Daisies and Lilies with their beautiful aroma.

The summer arrives brings us that hot heat
But you give us rain to cool the atmosphere.
The birds sing you praise and the leaves
Give you applause
For they to recognize your
Greatness.
You are the four seasons of the year.

Love

Thinking of you one morning looking out my window.
Watching the rainfall listening to the
bells of the church ringing.
My soul feels delight for you, O God.
And I think about how great is your love.
No other love can compare with yours.
There is no greater love like yours.
Can I ever compare your love?
There is no comparison.
There is no one who loves me the way you love me.
My soul is in awe
To think that you have prepared so much beauty,
For all who participate, for all who seek thee and love thee.
All will see streets of gold and the sea made of crystal,
A throne surrounded by angels all covered
with the light of your eyes.

Awaken

Awaken
Wake up from that dream.
If you do not wake up you will not hear
Christ knocking at your door.
He wants to give an invitation to the wedding of the Lamb.
Awaken
If you are sleeping you will not hear the trumpet
announcing the coming of Christ For its time
to celebrate the Wedding of the Lamb.
Awaken
From that dream, get up, yes, and put
on your white suit of glory.
A suit white as snow.
Wearing nothing but the best.
Looking your best.
At the wedding we will be under the moon and the
stars with angels, seraphim and cherubim and all who
redeemed their souls, and accept Jesus Christ.
Awaken
From this dream, today Christ will shine on you.
Awaken
Put on your veil and your crown.
The Church of Christ will soon be ready
to celebrate the big wedding.
The Wedding of the Lamb.

You found me

Forgive me, forgive me
I knew you called me and I pretended not to hear You.
You have left your throne for me
You walked over mountains and valleys and You found me.
I was lost and hurt but
You put your hands on me and healed my wounds.
Forgive me, forgive me Lord
I have lost years of my life.
You are walking with bleeding, wounded feet.
Weary and Tired still seeking for me, my Lord
You have found me and brought me to you.
You healed my wounds and now I'm happy
You took no rest until you found me.
My Lord now I'm happy because I have found true love.

Get ready

Church of Christ,
Be prepared for I am coming to celebrate the
Weddings with my church that I love so much.
On that day, I want to see you shining like a Star
Radiant and beautiful because you are my
My children, which I love so much.
For I have suffered so much, and protected you all from the
Clutches of the enraged wolf.

Of those storms without compassion
That have come your way, but I have always protected you.
I was searching for you though mountains and hills
When I heard your cry.

You have called me and I have answered you.
Now all has come to past.
I'm at the door and I come to find a church redeemed by
The blood of Jesus Christ.

Controlling our members

The Lord and master of my life put me in charge of many
Members that I have to learn to control.

He gave me my tongue, the tiny member of my body
That makes immense fires difficult to extinguish.
It is a member that I have to control.

He gave me, my ears, that also I need to control.
I do not want you to hear things that
are not good for me to love.
He also gave me a mind; I also have to control it
Lean **Not** to do things that could harm me.

Gave me my own eyes, so I can see,
And not look though the eyes of others.
I must learn to control my eyes
So that they may look at the light and not the darkness.

He gave me my hands that I need to control
And not to take, what is not mine.

He gave me my feet
So I can walk and also understanding
Control them so they do not go the wrong way.

He gave me a beating heart.
For me to love Him,
My family
My neighbors
And my home.
With God's help we can control all
Members that can harm us.

Sadness

Lord, I am here today feeling sad.
Those who think they know more than you hurt me.
But I come to you because You know my
heart and know what I am feeling.
I do not want to do wrong by you, only praise you.
But today I can't,
I can't open my mouth, I am tired and sad.
Tell me Lord, you that knows everything,
what is wrong with me?
Why all this sadness?
Lord give me your joy, give me your sweetness,
in rich my soul, and caress me.
Lord let it rain on me and embrace me with your spirit.
Do not let my praises die, let my soul sing for you.
My Lord, I want to please you
I want to do my best, for you.
I want to give you the best to praises
My Lord.

The flower in the Garden

I lived in a beautiful garden that I shared with many very beautiful flowers, but I was the most insignificant one with
No color.
Many went to look at the flowers of different colors.
Bright beautiful colors with aromas. Big beautiful roses with pleasant fragrances. Perfume filled all those that admired that garden that had so many beautiful flowers.
I was in that garden, but nobody noticed.
I am very small, insignificant with no perfume and had not shown any beauty.
All that passed and watched did not realize that I lived in that garden. I cried out very loud "*I am here*" but they did not hear me.
I know I am a tiny flower in this big garden.
I am strong, very strong although they step on me.
I get no water but I get up, I do not care.
They want me to be beautiful?
How if they don't take care for me, just step on me.

But one very bright sunny day, I get a great surprise from an amazing person that came to buy flowers in that garden.

All my rose sisters are so impatient. Waiting for that fresh beautiful light from that person who is about to buy a bunch of them. But as He looks at the garden He sets his sights on that tiny little flower and said, *"This one stole my heart."* All the other flowers calling to him, "Why her and not us we are beautiful, we are colorful and we have perfume?"

"I come to get what does not work, what
has been mistreated and trampled.
And with His tender hands He picked up the tiny
little flower. He told the gardener "you did not care
for her, you did not fix her, you left her alone.
How do you expect her to be beautiful?
He took his tiny little flower and on their way home she
asked the Lord "Why did you pick me and not one of
those beautiful roses?" And with love He answered
"It was you that I was looking for,
You're my precious flower."

With arms open

They nailed your hands to the cross
I cannot imagine the pain you felt
When they pierced those nails in your hands.

They mistreated you my Lord Jesus Crist,
They hurt you with a sword at your side.
They put a crown of thorns on my Father
They stripped you of your garments and threw it away.
You were thirsty and was given a wet sour sponge
Through your lips and
Your father turned his back on you because he couldn't
Endure so much cruelty.

And they left you alone my Father.
But they never broke your bones.
Yet we still continue to crucify you.
When we deny you it's the same as a sword at your side.
When we turn our back on you
It's the same pain as the nails in your hand.

But you still love us with your
Arms open and your bloody hands
You continue to call us to repentance
With arms open.

Storm

I see a storm
That is coming against me
And I will run
And I will run
And I will not rest and I will climb
To the highest mountain

And the storm will not hit me.
And I will choose the highest rock
The strongest rock that is
Jesus Christ.

The storm will not reach me
It will not touch me, it will not hurt me
Because I chose the strongest rock.
The highest rock that is
Jesus Christ.

I will climb and climb to that rock
Firm and strong and I will rise to the top
Of the rock and there I will hide with
My savior
It will burn and tell me
Do not fear that the storm will not come to you!

Make me a new vessel

I am here Lord and I want to do your will not mine.
Are you my father and I am your daughter
Children must obey the Father
Mold me as you wish.
Lord, you are the potter and I am your vessel.
Lord, break my vessel.
Break my cup into a thousand pieces.
Potter breaks my soul
Break my bones.
Let my eyes cry you a river.
Lord I am here and I want to do your will.

Lord, gather the thousands of pieces
Make me a new vessel of honor
I will do your will not mine.
You are my potter mold me as you wish
For I want to be a new vessel.

It does not matter if my bones are broken
It dose not matter if my cup is broken into thousands of pieces
Because At the end of my thousand pieces
You are going to make me new.
You are my potter and you will mold me as you wish
My Potter, I want to be a new vessel
For your honor and glory.

Thirst for you

I want to quench my thirst in you Lord
I want to take from that water that you give
It brings eternal life and we will never be Thirst,
Just like that woman who went to look for
Water in that well and you were
Waiting for her, you gave her the water of life
You dried up the thirst that her soul had.

So I want you to satisfy my thirst
Let them drink from that crystalline rivers
Let it run though my soul like fresh rain
I want be at your feet,
Lord, and drop all my
Tears and wash your holy feet
Just like the woman who washed your feet
With perfume and her hair

I want to be just like that woman that was healed
By the touch of your garment.
It did not matter the crowd
You know someone touched you and,
Gave her new life because you are life
Outside of you we are dead because of you, Lord
You are the quencher of thirst.

Sing to life

I sing with my soul.
I sing to life.
I sing to the moon, the sun, and stars.
I sing to the child in the crib
To celebrate that life is a song.
But the best song of all is the song for my Lord
Because what He gave,
Was Life
My Savior
That is why
I sing this song in my heart.

The Birds

The birds praise
The Lord when the sun rises
And in the morning
And you my Friend
Why don't you praise him?

If he made such great a sacrifice
For you,
He shed his crimson blood
We cannot forget
That great sacrifice
Praise him like the birds
Who sing to their Lord?
In the morning and on the rising
Sun.

Glory to God

Glory to God
Because of your sacrifice I am saved.
My sins are now buried in your grave.

Glory to God
For Your death on the cross.
For my sins.
In that tomb you were buried.

Now I have life
Due to the blood that was shed.
The blood of
Jesus.

Beautiful God

How beautiful is my God
How beautiful is my God

Glory to him
How beautiful is my God

He comes to me with open arms
Just like a mother who carries her child
To sleep
And he whispers in my ear and tells me
That he loves me that I am his jewel
How beautiful is my God

Singing with my Soul

I sing to you with my soul
Because from my soul
My praise springs to you.
And my soul rejoices in you and
When I am in your presence I feel
Like thousands of little bells around me.

When the leaves start falling from
The trees and they are falling on me
Makes me feel liked I am wrapped in a cloud.

And only your hands can hold me
Lord, I promise to serve you,
Praise and worship you with all my
Heart.

The Wedding of the Lamb of God

I wipe my face,
I look in the mirror,
Fixed my hair,
I put on my gown
I put on my shoes that are as white as snow
Because Jesus brought me my invitation
To the wedding of the Lamb of God.

If you accept this invitation
Do as I did like and let Jesus cleanse your heart.
Look in the mirror
Clean your face
Fix your hair
Put on your evening dress
Let's go celebrate the wedding of
The Lamb of God
With the father the son and the Holy Spirit.
Let's rejoice!

Beloved Christ

I want to love Christ and serve him
With love I surrender to you and live
For you.
Let your Holy Spirit come over me
Like a fountain
Of living water running through my veins
And dance in the spirit.

Speak new languages
Mysteries between you and me
I want to be loved by Christ and close to you.
Lie on your shoulders and feel your heartbeat.
That will make mine tremble.
I would like to go ask the stars
If they have seen my beloved Lord pass by?

I want to go up to heaven to find you
On your throne and sit next to you and tell you how much
I love you and ask for so much
But I am satisfied with just loving you.
My Father.

Promises

The Lord and I walked together
Hand in hand and we do not separate
He leads me to the hills and meadows and teaches me
Everything that he's created and tells me
"My Daughter this is for you only if you persevere
Until the end".

I have created everything because of you and for you.
For all those little ones that I have loved so much
I, my daughter, have golden streets for you.
And a sea of crystal and a new land
Where are you will live.

I only ask that you love me and only me
Have a heart full of love and
Help those who are falling
Help them rise above, do not bring them down
Have faith and wait with patience
The day will come when you walk
Through the streets of gold and crystal sea
That is a Promise that I have given
And will never forget.

I see God

I see God with my spiritual eyes
I see God
He holds out his hands
I give him mine
Hand in hands we walk together

We do not separate from each other.
Where he goes I go we are always united.
Always together.

United by a simple faith from the same mind.
By the same body the same spirit.
United by the same love
By the same blood of Jesus
And united forever.

We will always be united and even after
Death
We will continue together
Together in eternity.

Christmas

It's
Christmas
Time and
Everybody is
Running here and
There, looking for
For things to buy
Wondering is my tree prefect?
If all decorations are ready in celebrate
For The Christmas parties. Thinking
I must go to church, I have to buy my
Dress for all to see that I am celebrating
Going to Christmas parties and bring and receiving gifts
We forget everything else. But wait, I start to wonder
Is it Jesus' birthday? He is the one who should be receiving gifts
Seven simple gifts, which will easily please him. Let's Love
Because God is love because I command
you to love one another
Others. Let us have peace among us, faith humility, mercy,
Obedience and first and foremost trust
In our Father
And so we can
Celebrate
A beautiful
Holiday
Christmas.

Give me your hand

Give me your hand Lord
Give me your hand I am
Going through a valley
Where there are thorns and thistles
And the night is dark as
Wolves mouth and I'm afraid
But you are my guide

Give me your hand Lord
You are my light
You light up my path

Give me your hand Lord
So that I may pass without any
Trouble on this dark night.

I am here

I am here
I am here
To glorify You

I am here to praise you
I am here to tell you that
I surrender to you with all heart and soul
I am here to
Honor you and Serve you
I am here
So that I can tell You how much
I love you, my Lord.

I see the Lord

I see the Lord
I can see
His face saddened
I see the Lord
With his Watery eyes
One Tear drops falling at his feet.
He has a sad face
Wondering
Why Humanity despises him?
They do not know
What is coming next?
They do not know or understand that
Nothing can contain the coming of Christ.
My Lord Cries,
He knows Thousands of souls
He will have to leave.
But my Lord has
Faithful souls that will be
With till the end of time.

I feel happy

Today I feel happy because I'm sure
That Christ is with me I know that where
He wants me to go and he is with me, it does not matter
Whatever happens around me I'm sure that
He is with me.

When I walk he is with me and removes the stones,
Thorns and thistles so my feet will not
Trip and fall.
In my heart and mind I know for sure
That He will always be with me.

He is my beacon of light that enlightens me when I am in
High seas and the waves rise and my boat wobble
For him it does not matter the distance
because he comes and enlightens me.

When I am sick, He is my medicine and when
I'm hungry he gives me the bread of life. When I have
Sad gives me that inexhaustible source of life

I'm tired you give me new strength Lord I have nothing
I to give you, because everything belongs
to you, my life is yours
I have nothing, Lord. I am poor servant that only has
A heart full of love for you Lord

The lost sheep

Once upon a time there was a Shepherd who had a large flock of many sheep.

And one day little sheep thought of leaving the flock to go and look for new a

Horizons and left. The sheep walked many roads looking for new pastures

And she jumped and jumped until she got lost. The little sheep got lost on the mountain and got trapped on the stony ground. The little sheep was very scared, looking for a way out.

But she could not find her way out; her Legs were trapped between the stones.

She was hurt badly, had a bleeding wound. As she cried she did not have

Consolation and re-questioned, what do I do now? It's getting dark soon and

It seems like it's going to rain and I do not know what to do. I'm going to die of cold, pain and hunger, and if I cry and ask for help no one will listen because I am

In the gulf of the mountain.

I'm injured. I'm very cold. She cried without comfort. This happened to me

Because of my disobedience, for wanting to look for other pastures and I have not found anything good.

Look what happened to me, I was do fine with My Pastor, I my Pastor had me in

Good pastures, fresh waters protected me from the wolf.

And so the hours passed and the little sheep trembled with cold and

She was very scared but the Shepherd never forgot her.

The storm was coming and the first rains drops were falling. The Shepherd took his flock and made sure they were all protected He knew that he lacked one and cried,

He said where are you my little sheep, you will return to me? Am I the good Shepherd?

The Good Shepherd assure his flock to safety so that he can look for his lost one

He went in search for his little lost sheep.

I do not care about the mercy of time or the darkness of the night. It went away as

I walked through mountains, hills and hills and finally found my sheep.

He picked her up and healed her wound and carried her into his arms and said, "You will return with to the flock and I will take care of you and if you try to jump again to other pastures I will give you a little tap on your feet to remind you not jump again. I am the good Shepherd and I take care of my flock.

Praise

I want to praise you
I want to honor you
Use my lips Lord
Use my mouth
Use me as you see fit.
I want to proclaim to the world
Your greatness and your wonders!!!

That you save
That you heal
And you're coming soon
With power and glory
To rescue his faithful people
And every eye will see
The Lord high and above all.
With a bridge to reach the land of angels
So that we can be united with the Father
And to celebrate that wedding in the
Eternity.

Despised

There was a poor woman walking down the street. She was alone, had no one to help her or give her a hand. The poor woman smelled really bad. No wanted to look at her. All who pass by her side looked at her with despise.

She was so hungry but no one wanted to give her a piece of bread. Feeling cold, thirsty she walked alone.

The poor woman walks up and down the street with nowhere to go and rest. She can't even find scraps to eat. All of her clothes are dirty and reaped and coat for this bitter winter. People stare at her with eyes of despise as they walks and shouts at her "**out the way crazy lady**"

She no longer has tears to shed and anxiously waits the night to go to rest. The poor woman try's to find a bench but can't even find one. For all who are in the streets have taken their place. She is still walking, but she is overcome by fatigue, cold and hunger and can no longer go on. The next day she got up very quickly and continued her walk. The poor woman was very frightened because of a dream where the Lord spoke to her. In the dream the Lord said, "You have to go to the church and I'll help you." As she continued her walk she saw a church and enter. As she walks in people are singing " O when the saints come marching".

The crazy lady entered and parted open the door to observe and in minutes a church official came to her and told her in that condition you cannot enter. Very sadly left she left wondering I want to be in that march?

Sadly she continued to walk and saw another church but she hesitated because she thought What if they make me leave again?

But the poor woman looked up and saw a sign that said " Come to me, all who are weary and tired, and I will give you rest". The crazy lady decided to stand at the door of the church. As she is looking around she can see a little old lady walking towards her says to her self they are coming to take it out again.

But that little old lady came to her with a big smile and said, "God bless you come". That old lady took the poor woman by the hand and sat her in front of the altar and sat down with her and from that day on God transformed that poor woman's life, her soul and her body and mind. God does not despise anyone He loves all. Now they no longer say here comes the crazy lady, now its here comes the crazy Pentecostal lady.

Joyful Singing

The sea made of crystal
The streets are made of gold
My feet will walking though it
My eyes will see angels
My ears will hear Praises for my Lord
Angels singing to you
With voices of Glory
They sing "Holy, Holy
To my savior sitting on his throne"

They are songs of joy
Let it resonate
Towards the end of the earth
Trumpets will sound trembling the earth
And the graves will open
And those who died in Christ would be resurrected

The rest, will rise with there
White dresses
To dwell with the Lord
In Eternity

I have failed

I know I failed
I know I offended you
I do things that are not to your liking

But I love you my Lord
Even though know I failed you
Correct me my Lord
And give me your hand

Lord, you are my life!
You control my path
And I don't know what I would
Do without you.
You tell me to do something
And I reused,
Lord
Forgive me
I have failed you.

Testimony

I would like to share a story with you about the great wonders God does.

In the year 2009 my youngest daughter was in the hospital giving birth to my grandson and I was taking care of my other two grandchildren. My middle grandson was about two years old. The day my daughter was in the hospital I was very sick and could not breathe well, I could not almost move. I felt so bad. That after I went to the kitchen and I sat in a chair and I put my grandson on top of the table. I could not move, I could not take care of him. It was so hard for me so I preferred to put him on top of the table it was so much easier that way. I did not want anything to happen to him. As I was sitting there, I began to pray to the Lord and told my Lord that He could heal me when He wanted to, and I believe in Him. He says in his word; Behold, I am the Lord God of all flesh; there is nothing that is difficult for me. Jeremiah 32-27.

I began to tell to the Lord everything I felt at that moment, although God already knew it. I said to the Lord you could heal me I know it but if you want me to go to the hospital so be it. You have given the doctors the understanding to help heal the sick. I ask you Lord when my other daughter calls me and asks me "Mommy how do you feel today?" I will answer I do not feel well and she will respond I am leaving work now; I'm going to take you to the hospital now. That was my request to the Lord.

When my daughter called me, that afternoon, she told me the same thing that I asked the Lord, it happen word for word. That was amazing for me. It was as if my daughter was listening to my prayer. It was a big thing for me. I will never forget that request that the Lord granted me. It was something wonderful and this is the confidence I have in him because in the Bible it states that if we ask for something according to his will he hears us. John 5-14

My God

My God is life
My God is peace
My God is joy
My God is compassion
My God is love
My God is consolation
My God is Tenderness
My God is a lawyer
My God is a defender
My God is wisdom
My God is Savior
My God is the giver of life
My God is the truth
My God is the wind
My God is the earth
My God is the Resurrection
My God is a promise
My God is a prince of peace
My God is an ordinance
My God is patience
My God is incorruptible
My God is justice
My God is eternal
My God is faithful
My God is abundance
My God is the Most High, The Potter
My God is wind
My God is time
My God is victory and eternal life
My God is the air I breathe
My God is the way, the truth and the life
ETERNAL.

My sled

Once a pond a time there was a little boy who had a sled that his parents had given him for Christmas. One day the boy decided to take his sled and climb the mountain highest so he can slide down. As the little boy was sliding down the hill he lost control of his sled.

The sled just stopped at the edge of the river. The boy was so frightened that he almost fell into the bottom of that river. He immediately looked around then looks at his sleigh and with amazement as he saw a beautiful, white, thick, precious cloud coming up. The cloud was around the sled.

The boy asked, what is happening? Around the cloud came a voice and said, "My son, I'm taking care of you." The boy could not resist that powerful you as of thunder and calloused callus. When he woke up he was in front of his home to the side in his recalled sleigh. The entire scene of what he gave via his ceded the child says "Thank you Jesus for saving me the gift of my sled."

You are my life

My Lord, my Lord,
You know how much I love you.
I would walk on any road no matter what comes my way.
I will walk, I will find you, I will kiss you, and I will hug you
And my soul will be in you.

I will walk and walk until I fall yielded at your feet.
You are my way.
You are my joy.
With in You I have all the happiness
I thank you for that blood that
You spilled you for me.

This is why I will walk, I will not rest
Until I surrender at your feet,
And you will be waiting for me
To tell me, come daughter, come and wear a crown
That I have inherited
I fall surrendered before you
And my tears will wet your feet.

Even so the tongue is a little member, and boasted great things
James 3:5

Aun así la lengua es un pequeño miembro, y se jactó de grandes
cosas
Santiago 3: 5

Parte 3
Alabanzas

Alabaré yo el nombre de Dios, con cánticos,
lo exaltaré con alabanzas.
Salmos 69:30

♪Dedication♪

Ahí que siempre darle gracias al Señor en las buenas y en las malas no importa lo que esta sucediendo a su alrededor.

Cuando yo mas triste me encontraba Dios me Dictaba cada letra de estos coritos él quería que yo no me quejara sino que lo alabara con estas alabanzas que él me daba. A veces pensamos que estamos solos, pero estamos tan mal .Dios siempre está ahí. Sea la Gloria y la alabanza al Señor.

Esta algunos entre vosotros afligido haga. oración, está alguno alegre canta alabanza. **Santiago 5:13**

Gloria A Jesus

Gloria a Jesús
Gloria a Jesús
Por su muerte en
La cruz.
♪
Gloria a Jesús
Gloria a Jesús
Porque me a salvado
♪
Gloria a Jesús
Porque me a sanado
Gloria a Jesús
Gloria a Jesús
A resucitado

Que Caiga

♪

Que caiga la lluvia
Que ciega sobre mi
Que empape todo mi
Cuerpo y mi alma se
Goza en ti
Mi alma se goza en ti Señor
Mi alma se goza en ti
Mi alma se goza en ti
Señor mi alma se goza en ti.

Te amo Cristo

Cristo yo te amo
Cristo yo te amo
Cristo yo te amo
Cristo yo te amo a ti.
♪
Porque me has dado
La felicidad que nunca
En el mundo encontré
♪
Cristo yo te amo
Cristo yo te amo
Cristo yo te amo
Cristo yo te amo a ti.
♪
Pero yo se que tu me
Amas mas de lo que te
Amo yo a ti.

Gózate

Hermano querido gózate
En esta noche
♪
Que a eso hemos venido
Que a eso hemos venido
♪
Hermano querido gózate
En esta noche
♪
Déjalo que te toque
Déjalo que te mueva
♪
Que a eso hemos venido
Que a eso hemos venido

Desciende Espíritu Santo

Desciende espíritu santo
y quema lo malo que hay
en mi
Desciende espíritu santo
quema lo malo que hay en mi
♪
Desciende espíritu santo
llena mi alma solo de ti
solo de ti Señor
solo de ti Señor

El Hiso

Era una tarde gris y yo
Observaba lo que Cristo
Hiso para mi
Hiso la luna y las estrellas, el sol brillante
Y el cielo azul.

♪

Hiso los ríos, hiso las flores
Hiso la lluvia también el mar

♪

Era una tarde gris y yo
Observaba lo que Cristo
Hiso para mi
El amor lo puso en mi corazón
Para que yo ame a Cristo y sea feliz.

El Camina con migo

El Cristo que yo le sirvo
Es el Dios verdadero y el
Cristo que yo le sirvo es el
Dios verdadero
♪
Tiene ojos y nos mira
Tiene oídos y nos oye
Tiene boca y nos habla
Tiene manos y nos toca
Tiene piernas y camina con migo
♪
Por eso nadie lo carga porque
Camina con migo
El camina con migo
Por eso nadie lo carga porque
Camina con migo.

Alaba a tu Dios

| |

Levántate pueblo
Alaba a tu Dios
Alábale con las manos
Alábale con los pies
Alábale con tu boca y con
Tu corazón también.

| |

Gloria sea

Gloria sea al cordero
Al cordero inmaculado
Que derramo su sangre
Por todo mis pecados
Y ahora yo le alabo
Ahora yo le alabo
Gloria sea al cordero inmaculado.

Vive Jehová

Vive Jehová, vive Jehová
Que a salvado mi alma
Donde quiera que yo valla
Allí yo te alabare
♪
Vive Jehová, vive Jehová
Que a salvado mi alma
Y halla en el libro de la vida
Mi nombre escrito esta
Y mano del hombre nunca
Lo podrá borrar por que lo
Escribió mi Cristo que es el Padre Celestial.

Alabando

Al levantarme en la mañana
Le doy gracias a mi Señor
Por la vida
También por el nuevo día
♪
Y así sigo todo el día alabando
A mi Señor
Le alabo en la mañana
También al medio día
Y aun en la noche
Sigo la misma alegría.

Lléname

Lléname Señor
Lléname Señor Jesús con tu
Santo espíritu
Bautízame Señor Jesús
Con el fuego de tu amor
Déjame sentir tu presencia
En mi Señor
Para yo poder vencer al tentador.

Con el corazón

Yo te alabo Señor con el corazón
Porque tu eres Señor mi adoración

Te alabo Señor con la vos que tengo
Por que te alabo Señor con mi corazón

Porque de mi corazón sale mi alabanza
Para ti mi Señor.

//Te alabo Señor con el corazón
Te alabo Señor con la vos
Que tengo porque de mi corazón sale mi alabanza.

El fin

Para la Honra y Gloria
Del Señor

Rosalia Rosario es autora por primera vez, nacida y criada en Arecibo, Puerto Rico. Rosalia vino a Nueva York por primera vez a la edad de 17 años. Ella ha sido miembro de su iglesia Getsemani por más de 30 años.

Rosalia Rosario is a first time author, who was born and raised in Arecibo, Puerto Rico. Rosalia come to New York for the first time at the age of 17. She has been a member of her church Getsemani for over 30 years.

Printed in the United States
By Bookmasters